Poesía escogida

~Emilia Bernal Agüero~

Ediciones
La gota de agua

Primera edición, 2013
Ediciones *La gota de agua*
Philadelphia, Pa. (U.S.A.)
Email: info@edicioneslagotdeagua.com

ISBN 9780977198771
LCCN 2010941522

Edición: Rolando D. H. Morelli

Diseño de cubierta:
Drs. Iván Drufovka Restrepo y
Rolando D. H. Morelli, Ph.D.
Paginación y diseño interior
Kurt O. Findeisen, M.D.

§

Para mi amigo, el lingüista y académico de la lengua, don Emilio Bernal Labrada, nieto de la autora, sustentador y promotor de su legado y memoria, estas páginas.

R. M.

Una antología de esencias raras

Selección, apuntes y edición

Rolando D. H. Morelli

1. Razón, y razones, de esta antología.

Si como ha llegado a afirmarse en alguna parte, toda antología no es más que una colección de caprichos, debo confesar desde el comienzo que ésta lo es en grado superlativo. Responde en primer lugar a un deseo largamente acariciado por mí: disponer al alcance de la mano de aquellos poemas de Emilia Bernal Agüero que más me gustan, (muchos de los cuales oí de muy niño por boca de mi abuela paterna, antes que leerlos), a la vez que compartir este disfrute con otros lectores presuntamente interesados a quienes sorprenderá gratamente el descubrimiento de esta lírica que, al modo de las aguas sumergidas, circula ignorada en el subsuelo hasta que el hallazgo fortuito la reclama, o como sucede asimismo con las gemas ocultas en el abrazo mineral de la tierra hasta su liberación por algún medio o gracias al accidente que las revela de pronto. Se trata pues muy apropiadamente, ni más ni menos que de una miscelánea o florilegio de poemas entresacados del rico venero poético de la autora. No huelga adelantar en este punto que no se encontrarán en la presente selección ni la mayoría de los poemas que de ella se conocen, o los que pueden hallarse con un poco de persistencia en buen número de publicaciones perdidas en bibliotecas y archivos de muchas partes, ni siquiera todos aquellos poemas suyos que me parecen buenos, sino simplemente aquellos que además de considerar significativos de su quehacer consiguen hablar al mismo tiempo a mi espíritu y apetencias más particulares, exóticas o si se quiere raras, dando a este término su sentido primigenio de exquisito y poco común. Por consiguiente, no podría tratarse la presente de una edición con carácter académico —o estrictamente para estudiosos— puesto que no ha sido éste mi propósito, sino que está dirigida a satisfacer al lector fruitivo que soy y al que busca en la poesía misma su principal retribución. Naturalmente, en tratándose de una poetisa de las características de Emilia Bernal Agüero, cuya obra y persona apenas si comienzan a recobrarse en nuestros días, y porque además se precisa de revelar asimismo cierto criterio mínimo de selección, no faltarán aquí las referencias oportunas al quehacer tanto del antólogo como al de la autora, que justifiquen y den coherencia en última instancia al libro de que, a manera de corolario, dispone hoy el lector.

2. Algunos criterios de selección y agrupamiento.

Emilia Bernal fue indudablemente una escritora muy prolífica a quien interesaron por igual distintos asuntos y géneros literarios. Publicó mucho y yo afirmaría que con harta precipitación. Es decir, que no nos regateó su alma en busca de la perfección, aunque sin dudas la buscaba obsesivamente. Cuando se cotejan los escasos manuscritos de algunas de sus obras, hallados por azar en éste o aquel archivo *vis a vis* muchas de las muestras publicadas por ella, se encuentran correcciones de su mano, indicativas de una vacilación o de una corrección que pudo o no alcanzar a la edición impresa de la obra en cuestión. En algún caso fortuito la enmienda o añadidura aparece en una prueba de galera conservada, e incluso en la página del libro ya publicado por la autora. Revueltos y en confusión muchas veces los versos publicados aparecen en el cuerpo de un libro de prosas: reflexiones de actualidad, apuntes de viaje, digresiones filosóficas o de cualquier otra índole. Con las traducciones de poetas de otras lenguas que a menudo emprende, ocurre muchas veces lo mismo. Aquí pues he procurado separar no sólo el grano de la paja, sino el grano de cosecha propia del que corresponde al acarreo de autores. Asimismo he intentado dar voz exclusiva al estro poético de la autora cuando éste se expresa en su forma poemática. Las categorías retóricas han sido tratadas con flexibilidad. En determinados casos he juntado formas como ocurre con ciertos sonetos, siempre y cuando además coincidan o confluyan los temas o motivos de los mismos. Por lo demás, he buscado dar una cierta unidad de tono al conjunto reuniendo los poemas en atención preferencial a su raíz temática, sin alejarlos demasiado de su cronología aparente, pero sin obligarme a ella en última instancia. Así pues los agrupo y separo bajo determinadas etiquetas cuya unidad está determinada por una percepción muy personal del tono común según lo percibo: “Nihilismo”, “Anecdotario sentimental”, “Naturaleza muerta”, “Medallones”, “Postales antiguas”, “Celebración”, “Retratos” e “Impresiones”. Aspectos de unos u otros poemas se entrecruzan a veces, lo que evidencia lo arbitrario de estas categorías, pero en mi opinión persiste un determinante temático que en última instancia justificaría mi proceder al agruparlos y dar nombre al conjunto.

3. *Influencias y estilo(s).*
Breve apunte acerca de la cuestión.

Se ha catalogado la poesía y la obra en general de doña Emilia de diversas maneras, sin que a estas afirmaciones corresponda en general el correspondiente análisis de las formas empleadas, los recursos estilísticos, motivos, temas y otros elementos intrínsecos a los mismos. Sin embargo, es evidente cuando se lee esta poesía que hay en muchos de los poemas, remedos o el influjo de otros poetas, a quienes convencionalmente podríamos llamar mayores. Vienen a la mente el Martí de los *Versos Sencillos* y a veces, en algunas composiciones, el Darío que tanta y tan duradera influencia ejerció en muchísimos otros poetas durante generaciones, sobre todo con su búsqueda de la armonía, don que le venía naturalmente al nicaragüense y que éste dispensaba a manos llenas, con desiguales resultados para su quehacer poético y consecuencias desastrosas en no pocos casos para la muchedumbre de sus imitadores. Una indagación a fondo de tales influencias en Emilia Bernal, no obstante, arrojaría seguramente un saldo positivo para ella respecto a la autenticidad u originalidad de su estro. No podría ser de otra manera puesto que la auto-referencialidad de su poesía y su literatura toda, es primordial a ella y a su manera de hacer y proceder. No falta en algún momento el malhadado ripio que desluzca un verso, pero sobre todo abunda la belleza y predomina el bien hacer. Alma inquieta e inteligencia ávida, de las que se hizo cargo a conciencia, más que imitar modelos se nutrió de numerosas lecturas, algunas de las cuales al coincidir o reflejar una sensibilidad muy de época de la que Emilia no siempre consiguió librarse, lastraron a veces su poesía. Sin embargo, la mayoría de sus poemas resiste ventajosamente la comparación con los que nos legaron aquellos de sus contemporáneos más conocidos y a quienes leemos con aprecio.

4. *Mis poemas favoritos.*

Tal vez huelgue decir porqué exactamente prefiero unos poemas a otros, teniendo en cuenta aquello tan conocido que se afirma respecto a gustos y colores, pero creo que debo al lector un margen de explicación al respecto. El eco de algunos de estos poemas me sirve a veces todavía para reconstruir mi infancia mediante el hilo conductor que me ofrece la voz de mi abuela. Con frecuencia ella los recitaba, como ya he adelantado. Sabía de memoria infinidad de poesías —como solía llamarlas—. No siempre conocía yo el nombre del autor y muchas veces aprendí de memoria un texto sin enterarme de su procedencia, como me ocurrió con trozos del Quijote según puedo recordar. Más adelante fui reconociendo la procedencia de estos, por iniciativa propia o porque ya prestaba más atención a estos detalles. Yo era de muy niño algo retraído, y enemigo de acatar sin más a quienes me mandaban hacer algo por el hecho de creerse con facultades de hacer tal cosa. Una parienta que entonces nos visitaba y tenía fama de "comodona" y "mandamás", con frecuencia me ordenaba sin miramientos ni cortesía algunos, traerle o llevarle determinada cosa, a lo que yo me resistía aún sin comprender mis propias razones. Como respuesta, y tal vez por venganza comenzó a llamarme entre otros nombres "cabeza de chorlito" y "cabeza de alcornoque". Mi abuela, que alcanzó a oírla alguna vez le hizo el reparo y a partir de entonces se cuidó muy bien de llamarme una u otra cosa salvo cuando estaba segura de no ser reprendida por ello. De más está decir que las palabras "chorlito" y "alcornoque" se me quedaron grabadas y tal vez cuando lo consideré oportuno indagué en su significado. El poema «Alcornoques» de Emilia Bernal, aunque se aparta de este significado desdeñoso que le concedía la parienta lerda debió captar mi atención a causa de algún género de asociación imprevisible. Tal vez, después de todo, deba su hallazgo —es decir, el descubrimiento y aprecio de este hermoso y desgarrador poema— al torpe proceder de mi enemiga. Algo así debió suceder con el burro y la flauta con la que éste tropezó en el campo según la conocida fábula.

¡Oh, dolor de mi carne al ver los alcornoques!
Están en carne viva. Desollados los troncos. Las ramas torturadas
parece que al viajero gritan desesperadas:
¡Por piedad, sigue, sigue! ¡Por piedad, no me toques!

Todo se me parece: bermellón de la herida
y la desolladura por donde va la vida
a buscar rumbo cierto, camino de la copa.
La copa verde, erguida. ¡La copa! La esperanza
de la alegría cierta,
y el júbilo que alcanza
al alma así dudosa
de todo lo que toca la vida miserable.

Toda emoción se comunica aquí sin impostaciones, mediante una gran economía de medios. El paralelismo entre la desolladura del árbol y la del alma del poeta es simplemente de una elocuencia conmovedora. El primer verso ya no da descanso, y conduce al último cuyo lugar común incluso se agradece porque constituye un descanso, un alero propicio en el descenso de esa ola que desde muy arriba se precipita a poco en una sima.

A la edad en que uno convoca miedos y excitaciones de este género por boca de personas próximas y queridas, como si en el origen mismo de tales historias de aparecidos y encantamientos radicara una íntima convicción respecto a su inocuidad, debí tropezarme con otro de los poemas de Emilia Bernal que desde entonces he contado entre mis favoritos:

Persecución astral

¿Quién se acerca en la noche a mi casa desierta
a llamar a mi puerta y a nombrarme al llamar,
y a empañar con su aliento el cristal de la puerta
y a arañar en el muro con siniestro arañar...?

¿Quién penetra a mi casa, en mi casa desierta
por la hendija que deja la ventana al cerrar,
y me apaga la luz con su ráfaga yerta
y recuesta en mi hombro la cabeza a llorar?

¿Quién me llama... y me llama... y me llama en silencio,
con silencio tan hondo... ¡Con tan hondo silencio!
que me da calofrío, calofrío mortal?
¡Alma que me torturas, no vengas más! No vengas
a llamarme en silencio por la noche. ¡No vengas
a apagarme la lumbre y a verterme la sal!

Mencionaré aún un tercer y un cuarto poemas de la poetisa antologada que se encuentran entre mis favoritos. El primero de estos está dedicado por Emilia Bernal al recuerdo que en su alma trashumante despertaba el doblar de las campanas de *La Soledad* en la ciudad de Camagüey, donde había crecido y vivido la poetisa cuando esa urbe se llamaba aún por su nombre de fundación, Puerto Príncipe. Me gustaba particularmente no sólo por su tema, sino por la manera de su ejecución e indudablemente por su fuerza rítmica. Mi abuela misma, que conoció personalmente a la poetisa, tenía casa en la ciudad y la mejor parte de mi niñez está asociada a las largas estadías en aquella casona que había pertenecido a los abuelos de mi abuela y era de las pocas que conservaba a todo su alrededor un jardín con árboles y variedad de plantas, resguardado por altas tapias que lo sustraían efectivamente al mundo circundante. La iglesia de *La Soledad* era de las imágenes de la ciudad atesoradas por mí, de manera que alguna vez me empeñé en recitar estos versos en la escuela primaria. Esto ocurría en Vertientes, pueblo próximo a la ciudad a la que originalmente estuviera unido administrativamente como un barrio municipal de la misma bajo la advocación de San Jerónimo. Las maestras de tercero y cuarto grados eran ellas mismas de la ciudad de Camagüey y aprobaron con entusiasmo la ocurrencia de este niño que quería nada menos que recitar públicamente un poema que encerraba un homenaje a la ciudad. Aún entonces no había calado hasta el mismo tuétano la concepción ideológica que en breve daría cuenta de todo. Comprobaron que, en efecto, sabía de memoria la totalidad del poema y pude recitarlo en uno de los actos cívicos que, como he dicho, por entonces aún no invocaban en voz de los pequeños, el extraño apelativo por el que se hizo conocido un extranjero asesino de cubanos, revestido con halo de santón, como algo después sucedería. No obstante, ya ese proceso de contaminación y envenenamiento había dado comienzo, y alguien —creo que se trató de una de las conserjes o empleadas de la limpieza— presentó lo ocurrido a una luz negativa ante el Consejo de Educación regional por tratarse de un poema en el que se exaltaba ¡nada menos que una iglesia! Llegó hasta a hablarse de "el caso" de las maestras, quienes de la noche a la mañana desaparecieron del recinto sin que nadie se molestara en explicarnos la razón. Poco después de estos sucesos sorprendí a una de las mamás que le comentaba a otra que "todo había sido por culpa de la dichosa campana, que el muchachito éste" (se refería a mí, naturalmente) "había declamado durante la ceremonia matutina. ¡Tan buenas maestras como eran!" —Se lamentaban, por último—. Cuando, atribulado de no sabía bien qué culpas, pude comentárselo a mi abuela —ella, que parecía estar ahí para la incesante tarea de ofrecerme cualquier género de seguridades— en el acto y sin vacilaciones me absolvió de responsabilidades, pero creo no haber podido nunca librarme del todo de este peso o incomodidad sino hasta mucho tiempo después. No sé si el poema siguió gustándome como hasta entonces había sucedido, pero ya no insistí nunca más en recitarlo. Tampoco se trataba de que pudiera o intentara yo emprenderla contra las torres de *La Soledad* a la manera de un Quijote sui-géneris que cree enfrentarse a gigantes, o molinos, para el caso. He aquí el poema con el que vuelvo a reconciliarme:

La campana

Campana del pueblo mío,
cuando suena el vocerío
de tu lengua musical,
imagino que te parte
de tu campanero el arte
en mil risas de cristal.

Y cuando escucho tus notas
que al oído llegan rotas
en sollozante gemir,
pienso que al son plañidero
te va el triste campanero
en lágrimas a fundir

Porque, tan alta te meces
a compás de languideces
cerca de la Eternidad,
al echar tu voz a vuelo
siento que hablas desde el Cielo
bronce de *La Soledad.*

Que otra raza, que otra gente
que fue grande y fue valiente,
(de una edad que ya pasó),
por la voz de la campana
siempre augusta y soberana
le habla al pueblo en que nació.

Que amorosamente trina
con una voz clara y fina
en la torre una mujer,
su salmodia de tristeza
a la clásica belleza
de las mujeres de ayer.

Que en la cruz del campanario,
algún héroe solitario
vocaliza una canción,
como vaga y honda queja
que se aleja, y que se aleja
y termina en oración.

Y que el alma de las cosas,
ya caídas en las fosas
del olvido y del pesar,
su nostálgica elegía
de la tarde a la agonía
va en la torre a musitar.

Y que todo lo pasado,
por tu bronce inmaculado
de exquisita limpidez,
a las gentes llora y ríe
en el campo que deslíe
tu rítmica dejadez.

¡Por eso, te quiero tanto!
porque me hablas del encanto
de lo grande que se fue,
y presiento que en tus sones
cuando muera, mis canciones
a esta tierra cantaré.

¡Cuánto te quiero, campana!
Yo te escucho en la mañana
de mis días sin color,
cual la voz de mis abuelos
que me envían de los cielos
las protestas de su amor.

¡Campana que a Gloria suenas
en el fondo de mis penas!
¡Cariño de mi orfandad!
¡Con qué júbilo te escucho!
Dime si me quieres mucho,
bronce de *La Soledad.*
Siempre al verte desde lejos;

al oír tus claros dejos
como palabra de Dios,
con tierna ilusión te miro,
te mando un beso, ¡un suspiro!
Y en el suspiro, un adiós.

De los poemas de la autora a los que más tarde me acerqué, ya con plena conciencia de mi búsqueda, me sedujo siempre la serie de sonetos dedicados a la figura del paladín cervantino, y entre estos en particular el que titula precisamente "Evocación del Quijote".

I

¡Padre y señor de mi alma, don Quijote!
Sobre nosotros tu locura enjuicia
para que vuelva a enraizar y brote
en la tierra la flor de la justicia

¡Padre y señor de mi alma, don Quijote!
¡Vuelve a nosotros, caballero andante!
Más de prisa que nunca pon en trote
el pacífico andar de Rocinante.

¡Que la tierra está en sed de la bravura
de tu brazo y tu lanza, y tu silueta
es silueta de luz en la negrura

del siglo XX, que el demonio muerde!
¡Vuelve a la tierra y al demonio reta!
¡Salva el alma del mundo, que se pierde!

5. De colofón.

Era indudablemente una gran sonetista la poetisa que habitaba en Emilia Bernal Agüero. Son muchos y de gran belleza los que escribió.

Surtía sin lugar a dudas un atractivo especial sobre ella esta forma métrica, con su prestigio clásico y su forma fija, y más que acogerse a ella con docilidad se observa un modo de hacer que busca sobrepujar los moldes naturales, como si le descubriera socavones internos. Entre las innumerables muestras de esta suerte, dejo al lector con sus propias impresiones a propósito de la lectura de este poema de bucólica complacencia:

La carretera

Carretera adelante, traqueteando,
Tri-qui-tra-tri-qui-tra, va la carreta,
Parada sobre el pértigo se aprieta
una mujer los bueyes manejando.

El ritmo del andar se adentra en ella
y cimbrea al compás su cuerpo erguido
y canta al mismo tiempo, y el sonido
también mide el cimbrear de la doncella.

Todo es uno en el cuadro campesino:
el movimiento, el canto, hasta el camino
parece que se quiere unir al todo.

Tri-qui-trá-tri-qui-tra... Va la carreta
con aquella elegancia tan perfecta
que le da la unidad del todo al todo.

Sirvan estas palabras, que a manera de prólogo encabezan la presente antología, si no de guía caminera —que no pretende ser en modo alguno— de invitación entusiasmada a seguir la trayectoria creativa de una poetisa y escritora de la que en buena ley podemos sentirnos deudores. Adéntrese el buscador de esencias raras por los senderos de este jardín singular, y aspírese el aroma de tan variado ramillete, mas si al proceder de tal modo aún se echa en falta el olor que emanaría de una flor negra, antes estímese en ella la sorpresa de su hechura que tener en menos la ausencia del aroma, puesto que de ambas clases se ha de componer un vergel semejante.

Rolando D. H. Morelli

Nihilismo

«y en lo interior del alma sólo siento
ansia infinita de llorar a solas»

Julián del Casal
«Día de fiesta»

Nada espero

¿Quién llevará a mi sepulcro
cuando esté muerta, una flor,
si he de morir como vivo
sin ventura, y sin amor?

¿Quién, dolorido a mi tumba
irá su llanto a verter?
¡Viva, nadie me ha querido!
Muerta, ¿quién, me ha de querer?

*A un ramillete que en un vaso veo**

Esas violetas que en el vaso mueren;
una ilusión, que desfallece en mí.
Mis tristes ojos que hacia el vaso miran,
¡y tu recuerdo allí!

En el fondo del vaso el agua inmóvil;
marchito, el corazón de cada flor,
y sobre cada corazón, mis lágrimas,
¡y en ellas, mi dolor!

* Ligera variante manuscrita de mano de la autora en un autógrafo dedicado a mi abuela: "veo" en lugar de "vi"

En la tarde rosa

El crepúsculo, en oros, lila y rosa
cual falaz ilusión se deshacía.
Tornábase la tarde silenciosa
y en mi alma, también atardecía.

Y sollozaba la melancolía
que en todo ser anida misteriosa
pues tiene su tristeza cada cosa
como su noche tiene cada día.

¡Oh, Amor, que de mi ensueño te has huido,
vuelve otra vez a platicar, parlero
conmigo entre las frondas de mi nido;

Arrúllame la voz de un nuevo halago,
Perfumes dame, de cualquier sendero,
Músicas seductoras de otro lago!

A una rosa

¡Oh, rosa! Rosa mía, que ayer lozana fuiste,
¿por qué rendida doblas el tallo, débil, triste;
tus pétalos marchitos; tu cáliz sin verdor?
¿Le cuentas a la tierra, tus dulces remembranzas
como en largo secreto sus muertas esperanzas
la moribunda virgen le cuenta al confesor?

Pensando en lo que fuiste, y al ver cómo feneces
quisiera erguir el tallo en donde languideces,
tornarte la frescura, la belleza, el color;
volverte, en un suspiro, tu aliento perfumado;
acercarte mis labios y a un beso prolongado
prender en ti, de nuevo, suavísimo calor.

La palabra de miel

Hace toda la vida que he llevado en la oreja
como esponja sedienta, el deseo de hallar
la palabra de miel; la palabra que deja
en el alma la angustia del más dulce llorar.

Hace toda la vida la he buscado en la queja
de la más móvil onda que me trajo el azar;
en la música bárbara que la gruta refleja
a los tumbos del agua y al bufido del mar.

Hace toda la vida va auscultando los vientos
por senderos ocultos y caminos violentos,
cazadora la oreja, la palabra de miel.

¡Cinta azul en el cuello de blanquísima cabra!
¡Allá viene, saltando, la más dulce palabra!
¡Ya no es hora!... ¡Qué siga la palabra de miel!

Martirio

Ojo dominador de la espelunca
sin pestañas e inmóvil, que me vela
ya mis ojos no ven, y se me adunca
el paso, y el pavés se me rebela.

¡Amor! ¡Amor! ¡Amor...! ¡Guirnalda trunca!
Alma mía infeliz, vive y consuela.
Amar a quien no amo. Si amo, nunca
ser amada. (Cayendo el alma vuela).

Y para que al caer me haga más daño
doy en regazo de amoroso amaño
que me hace el acunar adolorido

porque mi labio de ceniza fragua
sedientamente negra gota de agua:
la gota de agua de mi beso ido.

El collar de frutas

En el aire, bruscos temblaron sus ojos
como dos cerúleos gusanos de luz,

y en la faz un grito por el cielo suelto
y en la mano izquierda erguida una hoz
al huerto cerrado de la viña virgen
como eslabonados nos fuimos los dos.

Cuajaba un arbusto bayas dulcamaras
y cuajaba otro gotas de rubí
y la mano en triunfo las segaba todas
y un collar de frutas hizo para mí

Y en el hilo largo de una brizna leve
amarrado al moño de agudo alfiler
entre baya y baya la grosella muerde
y el collar se cierra con el alfiler

¡Grosellas jugosas y agridulces bayas!
Bayas y grosellas salvajes con que
a golpes del viento todas reventadas,
erguida la nuca sangrando miré.

Y en el aire claro se rompió mi risa
salpicando en salvas el amanecer.

Sobre un calendario del año pasado
se cuelga una momia con un alfiler

La muerte devora mi collar de frutas
porque se moría la Muerte de sed...

Alcornoques

¡Oh, dolor de mi carne al ver los alcornoques!
Están en carne viva. Desollados los troncos. Las
ramas torturadas
parece que al viajero gritan desesperadas:
¡Por piedad, sigue, sigue! ¡Por piedad, no me
toques!

Todo se me parece: bermellón de la herida
y la desolladura por donde va la vida
a buscar rumbo cierto, camino de la copa.
La copa verde, erguida. ¡La copa! La esperanza
de la alegría cierta,
y el júbilo que alcanza
al alma así dudosa
de todo lo que toca la vida miserable.

Parábola de la tierra y el viento

(copla)

Sobre la tierra humillada
pasa el viento del amor.
Pasa el viento del amor
sin darle a la tierra nada.

La tierra toda encorvada
se retuerce de dolor
Y pasan viento y amor
sobre la tierra postrada.

Tierra triste y sometida
al viento que no te quiere
replícale con valor

Aunque rota y dolorida
no le concedas que espere
una súplica de amor

Mi casa

Ahora, está mi casa iluminada.
Ahora su campana toca a vuelo.
Ahora va la torre, punta al cielo.
Ahora está mi huerta en flor cuajada.

Ahora, la cancela levantada
deja pasar la gente sin recelo.
La falda de mi casa, presta al vuelo
al viento ahora se tiende desplegada

Así está. Toda luz, toda alegría:
aldeanita que va para casarse;
novia vestida de linón, mi casa.

¡Así está de feliz, la casa mía!

Mas cuando vuelva el día a levantarse
viento de ruina aventará mi casa.

Anecdotario sentimental

Miñón

¡Miñón! ¡Miñón! La de los pies descalzos
y el frágil mandolín;
la que lleva el hatillo preso al brazo;
la que pide limosna sin gemir;
la que no tiene hogar, padres, ni amores,
la triste, la infeliz;
la que no sabe cuando el sol se ponga
a dónde irá a dormir,
yo, como tú, voy por la vida errante.
¡Vuelve tus ojos de dolor a mí!

Versos sencillos

Yo sé de una enredadera
de madreselva, que enrosca
sus zarcillos en la fosca
zarza de una madriguera.

De un cinamomo, que al cielo
alza su copa y llovizna
sus flores sobre la brizna,
que se arrastra por el suelo.

Yo sé de un árbol sin hojas
que en el ardor del estío
se está muriendo de frío;
secándose de congojas.

Y sé de una blanca rosa
nacida en una espelunca
a donde no llega nunca
de luz, una mariposa.

Y sé, de un muerto de amores
que llorando está su pena...
Y de la mujer que llena
de amor, canta sus temores.

Canto nupcial

(A Hortensia)

Es de una novia que era
como la espuma del mar:
blanca, ligera y flotante,
de la que voy a contar.

¡Linda niña de connubio
como jamás la miré,
llena de pudor de lirios
y de encanto. ¡Yo no sé

si era una novia de nardos
que se llegaba a entrever;
si era un milagro en la noche,
o una ilusión de mujer!

En su silueta había una
apariencia de ilusión;
una promesa de anhelos
que parecía oración...

¡Linda novia sin palabras
y sin luz en el mirar,
de lentitud en los pasos
y sin ruido en el andar

llenas las manos de rosas
y la frente de rubor,
llenos los pálidos labios
de un invisible temblor.

Envuelta en el largo velo
como un airón celestial
fue ante el ara de la virgen
esa novia de cristal.

Fue ante el ara muy despacio,
muy despacio se inclinó
y el débil cuello de nácar
igual que un cisne enarcó.

Parecía que rezaba
como una interrogación
a las rosas y a los cirios
dentro de su corazón.

¡Oh su quietud voluptuosa
en velos de castidad!
¡Oh, novia de transparencia
de ensueño y de majestad!

¡Oh, milagro de las rosas
desprendidas del altar
que en lento deshojamiento
fueron sus pies a besar!

Envío romántico

Sobre mi seno estuvo reclinada
y al tenue palpitar que en él sentía
le hablaba de tu amor al alma mía
esta flor, que te envío deshojada.

Interrógala quedo, si tu amada
con frases temblorosas respondía;
si al escuchar su voz palidecía,
si al arrullo quedóse desmayada.

Interroga sus hojas con cariño:
¿Por qué mi corazón te quiere tanto?
¿Por qué me adora tu ilusión de niño?
¿Si irán por siempre nuestras almas juntas

Interrógala tú con voz de llanto,
que yo le hice llorando esas preguntas.

Pregón

(Canto popular napolitano)

¡Yo soy la huérfana, que vende flores:
fragantes, frescas, de mil colores!
¡Ninguna cesta como la mía, de flores va!

Allá en las horas en que amanece,
mientras la aurora rubia aparece,
las cojo al prado, para venderlas en la ciudad.

¿Quién compra flores?
¡Todas las vendo! ¡Sólo una rosa no vendo yo!:
La casta rosa de mis amores.
¡La que un ingrato me regaló!

Ésa la llevo sobre mi pecho.
De noche y día sobre él está
Cuando me muera, pálida y mustia,
el que me mire, ¡sobre mi seno la encontrará!

¿Quién compra flores...? Lararà... lararà...
lararà...

El secreto del mar

Fue mi almohada esta noche, y al quedarme
dormida
sobre sus senos blandos, azules y convexos,
el mar, el zarco mar, amansador de vida;
el mar, el viejo mar, perturbador de sexos

me dijo voluptuoso, con voz jamás oída:
¿quisieras tú saber porqué mi almohada es
buena;
porqué da unos dulzores que sanan toda herida;
porqué da una embriaguez que cura toda pena?

Señorita sensitiva, dame la mano pálida
Manojo de sargazos —sirena a ser crisálida—
por ruta helada o cálida échate a andar
conmigo...

Échate a andar conmigo... Conmigo... Y te
prometo
que si vas hasta el fondo... ¡Hasta el fondo,
conmigo!
te diré mi secreto. ¡Te diré mi secreto!

Las nueces

Ellos no saben nada... ¡Ni yo se lo diría!
¿Qué mi cara es extraña cuando casco nueces?
Tristeza diluida, que quiere ser, a veces,
sonrisa, y que en el labio se para en agonía.

Ellos no saben nada. Dejad que dulcemente
los ojos se me empañen y el labio se me engría
de sonrisa borrosa, si la melancolía
de mi niñez, sin pascuas, vuelve a mí,
sutilmente.

Ellos no saben nada, de mi vacía mano
cuando todos los niños del lugar aldeano
reventaban sus nueces mirándome pasar.

Ellos no saben nada, de ese *cra-cra* sonoro
que fue para mi oreja una matraca de oro.
Ellos no saben nada. ¡Dejadme recordar!

La cabrita

Cuídala, pobrecita, es una cabra
recién nacida, blanca, quejumbrosa,
asustadiza. Tiembla a todo ruido
y el pelo corto no le calienta aún
el cuerpecito. Sólo de flores se alimenta.
Por eso va en un cesto, lleno
de margaritas y de rosas blancas.

Cuídala bien, hermano. Y cuando se duerma
a paso de lobo pasa por su lado.
No le des de comer flores oscuras,
(rojas, moradas o color de sombra)
porque la ponen taciturna. Dale
campanillas azules y guirnaldas
de perfumadas eglantinas. Ponle
en el fondo del cesto acurrucado
entre el pecho y las patas, un polluelo
de paloma torcaz arrulladora
para que el corazón no se le muera.

Hermano, ella soy yo. Te la confío
para que la ames como a mí me amas.

Responso

(A Blanca)

Blanca, niña de alma pura,
de candidez y hermosura,
llena de encanto y de amor,
de morbidez de azucena,
llena de fragancia, y llena
de risa, luz y color.

¡Se murió una mañanita,
y en una caja, solita,
la llevaron a enterrar!
¿Por qué iba la niña sola
como una huérfana ola
en aguas de inmóvil mar?

¡Pobrecita! ¡Pobrecita!
Se murió una mañanita
como se muere una flor.
¡Blanca, delicada rosa,
por qué le diste a la fosa
tus castos sueños de amor!

¿Por qué iba la niña sola
al cementerio, cual ola
huérfana, en inmóvil mar?
¿Era pobre? ¿Era villana?
¿Tenía madre, tenía hermana
que la supiesen amar?

Ni era pobre, ni villana,
tenía madre, tenía hermana,
y un violín, y una ilusión.
Un violín que suspiraba,
que gemía y que cantaba
al par de su corazón.

¿Por qué iba huérfana y sola
como blanquísima ola
en aguas de inmensidad?

¡Tan inocente y tan buena,
llena de hermosura y llena
de ensueños de castidad!

¡Ay! ¿Por qué la abandonaron?
¿Por qué ir así la dejaron
de su jornada hacia el fin?
¡Cuánto dicen que lloraban
y que a seguirla llamaban
las cuerdas de su violín!

Su violín que iba cantando
en su entierro, sollozando
tras su cuerpo de azahar,
mientras que ella blanca y sola
iba, cual huérfana ola
en aguas de inmóvil mar.

Persecución astral

¿Quién se acerca en la noche a mi casa desierta
a llamar a mi puerta y a nombrarme al llamar,
y a empañar con su aliento el cristal de la puerta
y a arañar en el muro con siniestro arañar...?

¿Quién penetra a mi casa, en mi casa desierta
por la hendija que deja la ventana al cerrar,
y me apaga la luz con su ráfaga yerta
y recuesta en mi hombro la cabeza a llorar?

¿Quién me llama... y me llama... y me llama en
(silencio,
con silencio tan hondo... ¡Con tan hondo silencio!
que me da calofrío, calofrío mortal?

¡Alma que me torturas, no vengas más! No vengas
a llamarme en silencio por la noche. ¡No vengas
a apagarme la lumbre y a verterme la sal!

En la noche del sendero

«¡Dame aceite de tu odre
para la lámpara mía,
para mi lámpara pobre
que está, de aceite vacía!»

Me dijo desde distante,
un hombre que iba ambulante
por un angosto sendero.
Yo me detuve, y amante
le di aceite al caminero.

Y acompañé al solitario,
que marchaba tardíamente,
por aquel largo calvario,
mientras que mi lampadario
se apagaba lentamente.

«¡Dame aceite de tu odre
para la lámpara mía,
para mi lámpara pobre
que está de aceite vacía!

¡Dame aceite, caminero!»
Con mi voz que suspiraba
detenida en el sendero
dulcemente repetía.
Y él, en tanto, se alejaba.
Se alejaba, ¡y se reía...!

Naturaleza muerta

"El paisaje es negro, desolado y estéril: un paisaje de pesadilla de noche calenturienta; el aire espeso, lleno de miasmas, vibra como un nervio dolorido. (...)

Pío Baroja «Nihil»

Nocturno

(A José Santos Chocano)

Flota en la noche como una
balada de ensoñación.
Está muy blanca la luna
y muy triste el corazón.

Y aunque el céfiro deslíe
el perfume de las flores
en un ambiente de amores,
el corazón no se ríe;

y aunque muy ledo suspira
el seno de la montaña
como si un gnomo en su entraña
pulsara su agreste lira;

y todos los jazmineros
balancean su blancura
suavísimos y ligeros;

y aunque rueda en los alcores
la onda movible del viento
cual si de un pecho el acento
buscara su eco de amores;
y como airón de consuelo
atraviesa blanca nube
el cristal azul del cielo;

y aunque sonora la fuente
va sus perlas desgranando
en el tazón, dulcemente,

sigue el corazón llorando.

Le responde solo un grito
en melancólico dúo,
el grito largo de un búho
que atraviesa el infinito.

El lago

El verde inunda mi alma embravecida,
los potros de mi ensueño se suavizan,

y mis ninfas, sobre ellos a horcajadas,
juegan con el reflejo de las aguas.

Ahora se aclara el leve sol, y vuelan
entre las hojas que el otoño aurea,

con un temblor de intermitente ráfaga,
fingiendo alas de luz de rama en rama,

del agua sobre el zinc tremeluciendo,
discos de ámbar lanzados cara al cielo.

Allá, bajo el curvar de la sauceda
las lágrimas son hojas que se enredan

flotando sobre el agua, y un sol claro
sobre el césped lejano, arrebolado,

es claro velo de esperanza suelto
al anhelo del alma casi muerto...

No sé por qué ahora cabrillea
la luz hirviente sobre el agua. Tiembla

y forcejea y se ilumina y salta
mi pulso sin concierto, y en el agua

que toda estalla en multitud de rosas
de luces sensitivas, blancas, locas,

apagaría, de júbilo mi estrella
seca ¡Oh dolor! de ser de la belleza.

Cigarra azul

Tarde canicular. Horas de fragua.
Cielo de luz y sonrosados tules,
y a flor de tierra en el cristal del agua
una cigarra luz de alas azules.

Lilas, lilas azules, lilas rojas
rozando el muro que las aguas cerca
la cigarra tornasol entre las hojas
vive cantando el alma de la alberca.

Y bajo el velo de la tarde rosa
vaga, ilusoria en el invernadero.
¡Así! Así fue de alegre y bulliciosa
la falaz cigarra de mi amor primero.

Medallones

L'incroyable

De mi escritorio en lo más alto había
un *«incroyable»* de biscuit muy bello:
Eran sus ojos verdes, y el cabello
de vivo rubio, como luz del día

¡Cuántas cosas intensas me decía
de la mirada en el fugaz destello!

Y cual si fuera de victoria el sello,
siempre, al mirarme, ufano sonreía.
Yo era la excepcional «maravillosa»
que en su silencio erótico llamaba
a sonrisa y mirada voluptuosa.

Mas cierta ocasión, lanzóse entre mis brazos
para decirme en ellos, que me amaba...
Y rodó al suelo... Y se hizo mil pedazos...

Retrato

—Señor, ¿quién es aquélla de cara suave y fina
que muelle se reclina
en ese canapé,
y mueve leve un brazo de nieve
que termina
en una mano breve
como una rosa té;
la que deja el cabello en ondulantes nudos
sobre la tersa frente, la de los pies desnudos;
la que parece toda dormida flor de lis,
(o un cisne que navega en un lago de raso)
o una gardenia abierta a la margen de un vaso...

—Ésa es la más graciosa mujer que hay en París;
ésa la flor más linda de nuestra aristocracia;
la yerba del ensueño; el lirio de la gracia;
la joya del minué;
la de los trajes sueltos de blonda y muselina...
Señora, es la divina
madame de Récamier...

El árbol

Dicen que en el gracioso Japón se da una planta
toda rumor de río y suavidad de olor,
que al viajero le habla, y hasta ríe y le canta
y le cuenta unos cuentos fantásticos de amor

Y lo atrae a su sombra y lo besa y lo encanta
y lo duerme al arrullo de su ramaje en flor
y así que está dormido, en la misma garganta
el aliento le corta y le chupa el color;

y la luz de los ojos inflamados le seca
y le pone en los labios el rictus de una mueca
y luego lo despide con gesto burlador.

Y en tanto que se aleja el espectro ahora errante
se torna majestuosa y a un nuevo caminante
le vuelve a hacer un cuento fantástico de amor

Barcarola

El romántico azul del mar divino
corta la quilla de su barquichuelo,
que va dejando caprichoso velo
de blanca espuma en el azul marino.

Un adiós en el aire terso y fino
se deshoja, como una flor de cielo,
y en la popa el adiós de su pañuelo
se mece, juguetón y blanquecino.

La risa siempre alegre de la ola
festeja el rumbo de la vela blanca
desde la arena de la playa sola

y entre las jarcias que el vaivén tremola,
el marinero que del puerto arranca,
melancólico da su barcarola

La mujer muerta

Segovia

(Al doctor Tapia).

El perfil de la cumbre a contra luz de rosa,
sobre un fondo de ocre la silueta dibuja
de una mujer que encinta, eternamente puja
cara al cielo, mostrando su desnudez gloriosa.

Criatura bizantina: testa voluminosa,
facciones que cambian cuando el azar estruja
la nieve de la cumbre, metamorfosis bruja
que da ceño o sonrisa a su faz luminosa,

seno que se levanta desarmónicamente,
vientre ya deprimido por el parto doliente,
encorvadas rodillas, muslos despernancados

a la aurora. Semeja que está pariendo el día.
Dijérase la Santa Madre Melancolía
dando a luz la belleza, con pujidos callados

El indiferente

(Antoine Watteau)

Señor Indiferente, figura de Trianón,
que salió bailarín de Watteau en el pincel
eres, antes que nadie, el Vizconde de Urgel,
frío malabarista de Diana de Aragón.

La aristocracia única de tu frivolidad
pone en la *nonchalance* de tu esbelta actitud
la gracia de la línea como sola virtud
y el llevar bien la capa como toda ansiedad.

Sólo estás bien en las galerías del Louvre
donde la luz propicia tu elegancia descubre
entre cuatro molduras de oro para que,
cuando las damiselas sonrían al mirarte
los brazos les extiendas en una *pose* de arte
y un ritmo de gavota les marques con el pie.

Postales antiguas

Canción nocturna

(Para el señor Raimundo Cabrera)

Canción nocturna que en el aire flota,
como reminiscencia de una queja,
absorta te oye el alma, nota a nota
mientras tu acento musical se aleja.

¡Canción! ¡Canción nocturna! ¡Cuántas veces
escuché tu lejana melodía
tras la blancura de los ajimeses
que el verdor de la yedra ensombrecía.

No te alejes, canción. Queden tus ecos
prendidos a mi reja, como flecos
de lírica y amante enredadera.

No te alejes, canción de mis amores.
Queda en la reja para que me llores
con lágrimas sonoras cuando muera.

Añoranza

Quisiera ser magnífica señora
en los tiempos de trágica leyenda
para marchar triunfante, por la senda
que me abriera una lanza vencedora;
Quisiera ser, la dama soñadora,
reina gentil de clásicos torneos,
—que oyó presa de dulces devaneos
mil veces del juglar la voz sonora—
Quisiera ser la castellana amante
a quien el caballero suspirante
al galopar de su corcel guerrero
flores de amor dejaba en la ventana.

Mas, ¡ay! no puedo ser la castellana
porque no existe un solo caballero.

La campana

Campana del pueblo mío,
cuando suena el vocerío
de tu lengua musical,
imagino que te parte
de tu campanero el arte
en mil risas de cristal.

Y cuando escucho tus notas
que al oído llegan rotas
en sollozante gemir,
pienso que al son plañidero
te va el triste campanero
en lágrimas a fundir

Porque, tan alta te meces
a compás de languideces
cerca de la Eternidad,
al echar tu voz a vuelo
siento que hablas desde el Cielo
bronce de *La Soledad.*

Que otra raza, que otra gente
que fue grande y fue valiente,
(de una edad que ya pasó),
por la voz de la campana
siempre augusta y soberana
le habla al pueblo en que nació.

Iglesia La Soledad

Que amorosamente trina
con una voz clara y fina
en la torre una mujer,
su salmodia de tristeza
a la clásica belleza
de las mujeres de ayer.

Que en la cruz del campanario,
algún héroe solitario
vocaliza una canción,
como vaga y honda queja
que se aleja, y que se aleja
y termina en oración.

Y que el alma de las cosas,
ya caídas en las fosas
del olvido y del pesar,
su nostálgica elegía
de la tarde a la agonía
va en la torre a musitar.

Y que todo lo pasado,
por tu bronce inmaculado
de exquisita limpidez,
a las gentes llora y ríe
en el campo que deslíe
tu rítmica dejadez.

¡Por eso, te quiero tanto!
porque me hablas del encanto

de lo grande que se fue,
y presiento que en tus sones
cuando muera, mis canciones
a esta tierra cantaré.

¡Cuánto te quiero, campana!
Yo te escucho en la mañana
de mis días sin color,
cual la voz de mis abuelos
que me envían de los cielos
las protestas de su amor.

¡Campana que a Gloria suenas
en el fondo de mis penas!
¡Cariño de mi orfandad!

¡Con qué júbilo te escucho!
Dime si me quieres mucho,
bronce de *La Soledad*.

Siempre al verte desde lejos;
al oír tus claros dejos
como palabra de Dios,
con tierna ilusión te miro,
te mando un beso, ¡un suspiro!
Y en el suspiro, un adiós.

Carta

(Escrito en París, año 1923. Publicado entre las prosas del libro *Sentido*, de 1938)

Aquí a la amable sombra de Gustave Flaubert
vengo a escribirte, amado, en verso alejandrino
hoy, que hace un siglo ya de tu partida, ayer,
aquí en el Luxembourg, que es todo verso y trino

Vengo a evocarte donde la brisa en agua juega,
donde el perfume embriaga y el pájaro hace idilio,
donde armoniosamente danza al son de la griega
cornamusa de Pan, la musa de Virgilio.

Aquí, donde aquel hombre de piedra entre la yedra
es euritmia de forma y justeza de línea
vengo, a evocar en la alta majestad de la piedra
ésa, tu desnudez, serena y apolínea.

Vengo a evocarte donde el mármol se hace ritmo,
reposo en movimiento, signo de mi intención
de suerte que a mi espíritu sea el logaritmo
resalte la potencia de mi realización.

Y me haga hallar a un tiempo la unidad del binomio
que fuera de mi vida el abstruso problema:
la monstruosa pasión que me trueque en demonio
por un desdoblamiento de belleza suprema.

A ti, que eres perfecto de espíritu y de forma
no he de encontrarte sino en la única belleza:
en donde el arte impone la formidable norma
y entre el amor salvaje de la naturaleza.

Aquí, a la amable sombra de Gustave Flaubert,
vengo a escribirte, amado, en verso alejandrino
hoy, que hace un siglo ya de tu partida, ayer.
Aquí en el Luxembourg, que es todo verso y trino.

Sobrescrito.

Al Barón Fiat Lux, que ha partido a Marsella. 14, rue de l'Ame. (Hay un sello rojo, como un rubí). Via directa: el hilo de luz de alguna estrella o un vuelo de cigarra que ha de partir de aquí.

Celebración

Madrigal

Todo besa en la mañana
con aire de primavera
el rosal de enredadera
que se prende a mi ventana.

Mientras la luz, habla y ríe
con el alma de las flores,
el alma de tus amores
con mi ilusión habla y ríe.

Del feliz lenguaje cuyo
rumor se mece en el viento,
no distingo, si el acento
es el de la luz o el tuyo.

Y porque de igual manera
pierdas mis frases mimosas
te responde con las rosas
mi voz en la enredadera.

Se oye entonces el risueño
cuchichear en la enramada
de la luz enamorada,
las rosas, tu alma y mi ensueño.

Aria

Vuelve alguna vez, que está mi mano
ansiosa de sentirse entre las tuyas
y están las teclas húmedas del piano
suspensas, esperando que concluyas
la ingenua historia del amor ignoto
abandonado en la ciudad dormida
como una solitaria flor de loto
sobre el revuelto lago de la vida.

Húmedas, sí, las notas del teclado
porque de entonces al amor del cuento
tanto sobre las teclas he soñado
que están humedecidas con mi aliento.

Vuelve. Vuelve otra vez. Aún leve gira
cual la postrera vibración de un ala
el secreto de tu alma que suspira
en el ambiente tibio de la sala.

No dejes que se extinga el vago acento
de aquella historia en el confín lejano,
que aún halla dulce nido en mi aposento
la última nota que arrancaste al piano.

El caballo de Hertz

Ha llegado, por fin el mensaje
cabalgando en el potro de Hertz...

«Bon voyage. Lovingly» —dice.

¡Hip! ... ¡Hip! ... ¡Hip! .... ¡Hip! ...
¡Cómo trota el caballo de Hertz,
timbaleando en el gongo del mundo
en un ritmo OC x 3
con sus cuatro pezuñas herradas
por las manos robustas de Hertz!

Le enmadroñan la crin del pescuezo
cascabeles de todo jaez.
Cascabeles le ríen en las patas
y en el freno y las riendas también.
Trae de vidrio enflecada la cola,
trae de vidrio enflecado el arnés.

¡Hip! ... ¡Hip! ... ¡Hip! .... ¡Hip! ...
Relinchando ha parado en la proa
el brioso caballo de Hertz.

¿No escucháis cómo ríen en el barco
los alegres cristales de Hertz?

¡El cascabeleo
del normando caballo de Hertz!...

Ternerita negra

Yo iba: ternerita, por campo de armiño.
Ternerita negra, más dócil que un niño,
toda acurrucada, con piel de negrura.
¡Nieve y sol de senda! Con esa blancura
confraternizaba mi espíritu niño.

Yo iba: ternerita de paso trotero,
ramoneando a un lado y otro del sendero,
rumiando alegrías balido a balido.
Bajo mis paticas crujía el pulido,
incontaminado vidrio del sendero.

Yo iba —ternerita— cuando resbalé
me rompí una pata, y al suelo me eché.

Con las buenas fieras

¡Qué bueno es, hermanos, si a la madriguera,
en la noche, viene, sumisa la fiera:
León, el buen viejo del bosque, y en pos
el hermano Tigre, la hermana Pantera,
a hablar de las cosas sagradas de Dios.

Y el aire se llena de hondos gemidos
si mientan los pueblos que sufren hermanos,
y de imprecaciones y broncos rugidos
y de maldiciones contra los tiranos
si mientan los pueblos que están oprimidos.

Y que todo acabe lo mismo que una
función religiosa. Bajo la oportuna
belleza celeste, sendero de luna,
sendero de nieve, sendero de paz,
que tornen las fieras a lo montaraz.

¡Qué bueno es, hermanos, para una ternera
vivir en la noble hermandad de la fiera!

Leve

Dulcemente apagado, todo leve,
adoro la elegancia con que grave
sabe insinuarse en el misterio y sabe
hacerse amar así. Tallo de nieve

que apenas, si rozándolo se atreve
a acercarse a mi luz, porque no apague
el temblor de su sombra, con la suave
ilusión que hacia donde yo estoy lo mueve.

Leve su sombra es. Leve, imprecisa,
la sombra de sus ojos en la brisa.
La sombra de su leve voz, apenas

oye zurear la sangre entre las venas.
Y aún disuelta en la nada su sonrisa
Sombra de luz en leche de azucenas.

Inspiración religiosa

Hidrófana

(Traducción del portugués. Poema original de Guimarães)

En cierta montaña existe
una piedra blanca y triste
que entre todas se destaca.
Le dio la naturaleza
la extravagante belleza
de ser lúcida y opaca.

Nadie al verla imaginara
que en su interior ocultara
hondísimos sinsabores,
y que al mojarse un instante
—transparente y rutilante—
dejara ver sus dolores.

¡Lindos ojos de María
cuando os seca la alegría
opacos también estáis!
Mas, ¡ay! cuando el llanto os baña
igual que la piedra extraña
transparentes os tornáis.

Dame, Ninón, tus crenchas

¡Dame Ninón, las crenchas que juegan con tu seno
para hacerle con ellas un manto a mi Señor!
Yo haré como si fuera un niño segador
que las recolectase en el campo moreno
con mano de cariño —mi mano la hoz de amor—
El campo tu cabeza, de espigas todo lleno.
¡Dame Ninón las crenchas que juegan con tu seno
para hacerle con ellas un manto a mi Señor!

Después... así que el manto esté ya concluido,
de noche, en la alta noche, cuando él esté dormido,
iremos las dos juntas el manto a colocar
sobre sus hombros, luego... sutilmente —sin ruido—
volveremos muy lento, con paso contenido
para que no le vaya el ruido a despertar.

Dómine innominado

Como nota de arpa entre violines
quiero ser, en tu fiesta,
mi señor...

Como vara de sándalo
quiero ser en tu diestra,
mi señor...

Como piel de las cabras de Judea,
quiero ser a tus plantas,
mi señor...

Como la blanca harina y como el agua,
quiero ser en tu mesa,
mi señor...

Como miel, como leche, como vino,
y fragancia de cedro y lino en flor,
quiero ser en tu alcoba...

y en tu lecho,
almohadilla de olor.

Retratos

Para Ángel Ganivet

(Yo no sé en qué astro)

Hermano Ángel Ganivet:
En este pueblo,
donde está tu molino,
(el viejo molino de tu padre,
donde fuiste molinero
de trigo);
donde está la guitarra
que toca tu hermano
a la luz de la luna tísica,
no te quieren...

Hermano Ángel Ganivet:
Me han dicho
que tu busto de mármol
está por castigo
en medio de la fuente,
porque no eras limpio,
—porque tanto miedo
le tenías al agua,
que no te bañabas—.

Hermano Ángel Ganivet:
Yo les respondo
que mienten.

Que tú eras
tan limpio que te fuiste
a Dios
una mañana,
por un baño eterno
en las heladas
azucenas del Riga...

Paso de caballería

(Para un amigo soldado)

¡Señor húsar de Pavía,
yo querría
caminar
bajo la tienda del día
al ritmo alegre, invariable
de tu espuela y de tu sable!
¡Señor húsar de Pavía,
yo querría
caminar!

¡Señor húsar de Pavía,
yo querría
con tu chupa colorada
vestirme de carcajada
bajo la tienda del día!

¡Señor húsar de Pavía,
yo querría
con tu linda capa azul
vestirme de enamorada.
¡Vestirme de enamorada
con tu linda capa azul!

¡Señor húsar de Pavía,
yo querría
tu silueta
y tu color;

el rojo de tu chaqueta;
de tus dorados galones
el fulgor;
tus azules pantalones
y tu gorro tricolor!

¡Señor húsar de Pavía,
¡ay! yo querría
con tu linda capa azul
vestirme de desposada
¡Ay, sí, sí, de desposada!
con tu linda capa azul

¡Oh, soldado azul celeste
adornado
de dorado costillar
pareces el esqueleto animado
del pasado
al caminar!

¡Señor húsar de Pavía!
¡Soldado
de fantasía!
¡Esqueleto! ¡Fanfarrón!

Por la España del pasado
pon en tu pecho dorado
la cruz de mi corazón.

¡Señor húsar de Pavía!
Soldado de galanía
Soldado de evocación.

Bajo tu capa celeste
acurrúcame con éste
turbulento corazón.

¡Señor húsar de Pavía!
Soldado de fantasía
¡Oh, soldado de color!
En tu chaqueta rubí
déjame prender la flor,
de la Carmen que hay en mí.

¡Oh soldado de mi amor!
¡Señor húsar de Pavía!

yo querría

Evocación del Quijote

I

Evocación del Quijote

¡Padre y señor de mi alma, don Quijote!
Sobre nosotros tu locura enjuicia
para que vuelva a enraizar y brote
en la tierra la flor de la justicia

¡Padre y señor de mi alma, don Quijote!
¡Vuelve a nosotros, caballero andante!
Más de prisa que nunca pon en trote
el pacífico andar de Rocinante.

¡Que la tierra está en sed de la bravura
de tu brazo y tu lanza, y tu silueta
es silueta de luz en la negrura

del siglo XX, que el demonio muerde!
¡Vuelve a la tierra y al demonio reta!
¡Salva el alma del mundo, que se pierde!

II

Los molinos

Mas no son estos tiempos los de *enantes.*
Cuando tornes a andar por los caminos
y vuelvas a topar con los molinos
no pienses otra vez que son gigantes.

Abatieron las aspas tu osadía:
tu lanza se rompió, tu Rocinante
encabritóse, y, caballero andante
aterrado saliste en la porfía.

No sean esas andanzas las de *agora.*
No vuelvas a emprender con los aviones,
que ido es el tiempo y el remedio otrora.

Tu noble brazo, de furores lleno,
ahora debe romper corazones.
¡Oh, don Alonso de Quijano el bueno!

III

Dulcinea

Señora Dulcinea del Toboso,
cuyas cejas son dos arcos del cielo,
cuya frente es elíseo, cuyo pelo
es del oro más claro y luminoso,

que tiene ojos de sol, y tiene hermosas
las blancuras, más blancas que la nieve,
y en las mejillas de carmín las rosas,
y hechas las manos del marfil más leve.

Puesto que eres la amada del Quijote,
que te llama *señora* y *reina mía*
y te hace proclamar *la más fermosa*

vuelve al mundo otra vez para que brote
de su brazo a la fuerza poderosa
esta de amor, sin par caballería.

IV

Sancho Panza

Y tú, buen escudero, Sancho Panza,
ventrudo y paticorto y no lampiño,
de sempiterno platicar de niño
y eterno *sospirar* por la pitanza;

maguer que sin retórica y sin lanza
que auxilie al caballero *mal ferido*,
te sobra el soberano buen sentido,
siempre fiel escudero Sancho Panza.

Alista apresurado en tu jumento
pan y queso, y tocino, y un ungüento
que alivie al *mal ferido* tu señor,

¡Alista al rucio! ¡Ven aína! Que
«más vale un toma, que dos te daré”.
y has de tornarte aquí gobernador.

V

La ínsula

Una ínsula tenemos: Barataria,
que ahora se llama Tierra de Ambrosía
donde el encantador Malahombría
dice que tu honradez es necesaria.

¡Oh buen hermano Sancho! De tu ensueño
de gobernar en un jirón del cielo
cuando diste de patas en el suelo
al apearte del potro Clavileño

desiste, que mi patria es un tesoro
más divino que el cielo, donde el oro
aguarda que tu mano de villano

para darle limosnas a Ricote
no encuentre ni un ochavo en tu otra mano
¡Oh, inmortal escudero del Quijote!

VI

La vuelta del Quijote

Bajo la sugestión de un mal agüero
por cuenta de la liebre y de los grillos,
seguido de una turba de chiquillos
y del buen Sancho Panza, su escudero,

sobre el Rucio abatidos el acero
del yelmo, de la lanza y del escudo,
tornó a su aldea al vencimiento rudo
el hidalgo manchego, caballero.

Al divisar la hética figura
salió a su encuentro a recibirlo el cura;
la sobrina, aguardándolo, y el ama,

de una lágrima el rostro humedecía;
mas apenas volvió cayó en la cama
y muerto fue por la melancolía.

VII

Post tenebras spero lucem

¡Caballero de la triste figura,
nadie ha podido ni podrá vencerte;
tu idealismo es más fuerte que la muerte,
y aún más que tu idealismo, tu locura!

¡Injusticia de Dios fue la cordura
que te acosó en el lecho de la muerte,
hidalgo abjurador, tu lanza fuerte
ha de tornar al mundo en su locura!

¡Ea, alista el jamelgo, y al momento
parte, las crines azotando al viento!
¡Fustiguen tus ensueños en la grupa

de Rocinante volador al trote!
¡Acude en nuestro auxilio! ¡Arriba! ¡Upa!
¡Padre y señor de mi alma, don Quijote!

(Nueva York, 1922)

Impresiones

La carretera

Carretera adelante, traqueteando,
Tri-qui-trá Tri-qui-trá, va la carreta,
Parada sobre el pértigo se aprieta
una mujer los bueyes manejando.

El ritmo del andar se adentra en ella
y cimbrea al compás su cuerpo erguido
y canta al mismo tiempo, y el sonido
también mide el cimbrear de la doncella.

Todo es uno en el cuadro campesino:
el movimiento, el canto, hasta el camino
parece que se quiere unir al todo.

Tri-qui-trá Tri-qui-trá... Va la carreta
con aquella elegancia tan perfecta
que le da la unidad del todo al todo.

El caballero

Era un borriquito color de mostaza.
Era un caballero color de limón.
El burro alzaría una vara escasa;
el hombre una legua del pelo al talón.

Era el caballero hilo de gordura
Era el borriquito, de flaco, la ***e***
Tal cual si enhebrara la cabalgadura
que arrastraba al paso la punta del pie.

Había, no obstante, tal acoplamiento
en el color de ambos y en el movimiento
que hasta se diría mimetismo haber.

¿Del borrico al hombre? ¿Del hombre al borrico?
Es lo cierto que iban tan bien. *Ri-co-ri-co*
camino a la aldea, para amanecer.

Interpretación

(Profesión de fe artística)

¡Ésta es la belleza! No la esbelta línea.
No la forma sobria. No el color triunfal.
No el sonido armónico. Nunca la apolínea
venusínea línea en lo escultural.

Hay belleza en todo lo que sabe ser
lo que es. Lo mismo en el sapo que en el animal
más gallardo y fiero: el león,
que ser es la esencia única, de lo espiritual.

Bien haya hipopótamo dentro de sí mismo;
bien haya elefante sobre su hermetismo;
las híspidas piedras y el brusco carbón;

el árbol que sabe ser árbol y suma
en esquema externo su ser y lo exhuma
y llega a lo máximo al dar su expresión.

La mujer de luto[1]

Tomado del libro *Mallorca, Prosa y verso,* 1938
Universidad de Chile)

Encanto del agua muerta

Agua del hechizo inerte.
Agua azul disuelta en bruna.
Agua gris color de luna.
Agua marina de muerte.

Junto a la orilla, de suerte
que sorbía la laguna
con la mirada, había una
mujer, vestida de muerte.

El agua no decía nada
a la mujer que sorbía
su sangre con la mirada;

pero hechicera envolvía
en su hechizo a la hechizada
que indefensa repetía:

Agua de muerte azulada,
poco a poco me hundiría
en tu quietud encantada
y en ella me dormiría.

Agua de muerte azulada,
qué sueños yo soñaría.

Agua de muerte azulada,
contigo me velaría.

Agua de muerte azulada,
contigo sonreiría.

Agua de muerte azulada
Agua de muerte...

Y poco a poco se hundía.
Ya la boca le tapaba.
Ya se desaparecía.

Tras ella el agua corría.
Tras ella
el agua cerraba
un vórtice
que ella abría
cuando el agua la tragaba.

(1) En la orilla del lago Martel, Gruta del Drach, hay una piedra que en la penumbra semeja una mujer enlutada que se inclina sobre el interrogante. La transmutación del poeta en la piedra es el sujeto del poema. (Nota de la autora).

Índice

Índice de ilustraciones y procedencia de las mismas